# DIESES FEST GIBT DIR DEN REST

So ein bedeutender Festtag hat – wie alle großen Anlässe – seine zwei Seiten. Vorfreude, Begeisterung, hohe Erwartungen werden mit diesem singulären Höhepunkt des Jahres verbunden, nicht zuletzt auch wegen der ausgefallenen und teuren Geschenke – ***Weihnachtsfans lieben dieses Fest.***
Der Fan mag es auch, gleich ein ganzes Vollbad inklusive Fichtennadelshampoo in Gemütlichkeit und Gefühlsseligkeit zu nehmen. Er zerfließt also emotional wie die Butter auf der krossen Kruste der Weihnachtsgans.

Ihm gegenüber steht die Fraktion der von Weihnachten Geschädigten, eine bedauernswerte Menschengruppe, für die die Tage rund um Heiligabend nichts weiter sind als eine einzige Kette verheerender Katastrophen auf allen Ebenen der humanen Existenz, die Weihnachten aus schierer Angst ablehnt oder beständig von dem Gedanken geplagt ist, an den Tagen rund um das Fest auf furchtbare Weise zu versagen.

*Nun ist es hier wie überall:* Die Furcht formt fauchende Furien, wie jeder Angsthase weiß, die sensible Fantasie übertreibt maßlos. Manche befürchtete Katastrophe rund um das Weihnachtsfest wird nicht eintreten und hat womöglich in der Geschichte noch nie wirklich stattgefunden. Da aber der Rumor der schönste Geschichtenerzähler ist, will das vorliegende Buch auf die besten Gerüchte der Weihnachtshasser nicht verzichten. Andere Katastrophen sind aber durchaus eingetreten und hier dokumentiert …

# BETRINKEN ODER BESINNEN?

*Betrunkene Weihnachtsmänner*
**Deutsche Kleinstadt, Dezember 2011**
Weihnachtsverächter haben es ja immer gewusst: Weihnachtsmänner sind das Letzte! Sie zählen zu den Randgruppen der Gesellschaft, tun das ganze Jahr über nichts und sind schließlich im Dezember, wenn ihre Arbeitsleistung gebraucht würde, ständig blau. So geschehen am 16. Dezember 2011, wie ein einschlägiges Video im Internet zeigt, in einem Parkhaus irgendwo in einer deutschen Stadt. Ein sichtlich sternhagelvoller Weihnachtsmann pinkelt nicht etwa an seinen Rentierschlitten, sondern an eine fremde Luxuskarosse und landet schließlich der Länge nach auf dem Betonboden des Parkhauses. Als er den Fahrstuhl nach oben erreicht, wird der Druck in seiner Blase ein weiteres Mal zu groß. Sich erleichternd präsentiert er den Fahrgästen seine herausragenden Qualitäten …

*Betrunkene Weihnachtsmänner
randalieren am anderen Ende der Welt*
**Auckland, 18. Dezember 2005**
Später sagten sie aus, sie, eine Gruppe, die sich »Santarchistas« nennt, wollten gegen die Kommerzialisierung des Festes und dessen Pervertierung protestieren – uns kann man ja alles erzählen. Ihr Kampfschrei: »Fröhliche Weihnachten!« Zu den Formen ihres Protestes gehört neben flashmobartigem Auftreten, Automobile mit Bierflaschen zu bewerfen, übervolle Geschenkeläden zu plündern und von Autobahnbrücken zu urinieren. Anstößige Graffiti aus ihrer Hand zieren nun manches Gebäude in der Stadt Auckland. Nicht genug damit: Die Anhänger der »Santarchy« (Wortbildung aus »Santa« und »Anarchy«) stellen ein weltweites Problem dar. Sie haben bereits in den USA, in London, Tokio und Barcelona zugeschlagen.

### Europa im Festrausch

Der Alkohol zum Fest fließt in ganz Europa in Strömen. Allen voran kippen sich Dänen und Briten am häufigsten ins Koma: 33 % der Briten und 30 % der Dänen gaben in einer Umfrage der Meinungsforschungsplattform YouGov im Internet zu, an den Feiertagen betrunken zu sein. Abstinenz ist aber auch in Norwegen (21 %), Finnland (24 %) und Schweden (25 %) kein weihnachtlicher Trend. Bemerkenswert trocken stehen die Deutschen das Weihnachtsfest durch: Nur 17 % geben sich unterm Tannenbaum die Kante. Erstaunlicherweise regiert die Nüchternheit dort, wo man den Vollrausch am ehesten vermutete: Nur 8 % aller Franzosen schwören zu Weihnachten auf harte Getränke mit reichlich Promille.

### Nüchtern macht einsam

Wer möchte schon das Weihnachtsfest allein verbringen? Ausgerechnet unter den Franzosen, die ja, wie wir wissen, mit Alkohol zum Fest ausgesprochen sparsam umgehen, fürchten 19 % das Christfest solo. Unter Großbritanniens Bürgern graut es 12 % vor der Einsamkeit, derselbe Prozentsatz wie auch unter Finnen und Deutschen. Gut aufgehoben in ihrer Gesellschaft fühlen sich offenbar Skandinaviens Bürger: Nur 8 % aller Schweden, 7 % aller Norweger und 6 % der Dänen fürchten sich davor, die Festtage einsam verbringen zu müssen.

# HEISSE BESCHERUNG

*Tannenbaum-Brände*

Man sollte eigentlich annehmen, dass die Zeit der brennenden Tannennadeln vorbei ist, denn elektrische Lichterketten und solche mit LEDs können die leicht entzündlichen Nadeln von ausgetrockneten Koniferen eigentlich nicht in Brand setzen – diese sind wirklich hochentzündlich und verpuffen, einmal entflammt, explosionsartig wie Zunder.

Doch der zu Weihnachten besonders heftig nostalgierende Mensch mag auf seiner Weihnachtsdekoration keine schnöde Technik, sondern greift noch immer zu Paraffin- oder Bienenwachskerzen. Etwa 400 000 harzige Nadeln hat der durchschnittliche Weihnachtsbaum, und auch der Adventskranz wird noch hoch fünfstellig bestückt sein. Das zündelt! Um die 12 000 Mal muss die Feuerwehr bundesweit im Dezember jedes Jahres ausrücken, um die Folgen eines brennenden Adventskranzes oder Tannenbaums zu bekämpfen, volle 36 % mehr Einsätze als in den übrigen Monaten.

# WAS TUN BEI EINEM »WEIHNACHTSBRAND«?

*Die Feuerwehr rät …*

- Sorgen Sie für einen festen Stand des Baumes, am besten in einem Weihnachtsbaumständer mit einem Wasserbehälter.
- Stellen Sie einen Eimer Wasser neben den Baum.
- Die Kerzen so anbringen, dass alles brennbare Material mindestens 30 cm entfernt ist.
- Alle Kerzen löschen, wenn man den Raum verlässt.
- Die Kerzen am Baum nach Silvester nicht mehr anzünden, da hochgradige Entzündungsgefahr!

*Der Weihnachtshasser rät:*

- Zünden Sie die Kerzen an Ihrem Baum niemals selber an. Lassen Sie das Ihrem Nachbarn erledigen, der ist vermutlich haftpflichtversichert.
- Wenn Sie einen Weihnachtsbaumbrand planen, verwenden Sie ausschließlich echte Fichten oder Tannen. Plastikbäume riechen nicht gut.
- Wenn der Baum schon einmal brennt, rufen Sie Verwandte, Nachbarn und Bekannte zusammen und feiern Sie das Ereignis bei Glühwein und durch Absingen weihnachtlicher Lieder. Sicher ist dann auch jemand unter Ihren Gästen, bei dem Sie und Ihre Familie nachher und in den kommenden Wochen und Monaten übernachten können.
- Warten Sie mit dem Anzünden der Kerzen bis zur Silvesternacht. Dann wird Ihr Weihnachtsbaumbrand ein schöner und vor allem kostengünstiger Beitrag zum kollektiven Feuerwerk.
- Ein virtueller Weihnachtsbaum auf Ihrem Großbildfernseher hätte es auch getan.

# GESCHENKE DES GRAUENS

Verwechslungen sind schlimm genug – richtig übel wird es aber, wenn es dem oder der Schenkenden an Gespür und gutem Geschmack mangelt und er oder sie entweder x-Beliebiges oder üble Geschmacklosigkeiten ins Päckchen packen.

- Wenig Freude macht der handgetöpferte Tyrannosaurus Rex, der vom Schenkenden als Briefhalter auf dem Schreibtisch gedacht ist und aussieht, als könne er bei Druck auf den Schädel Schriftstücke mit seinen Fangzähnen lochen.
- Nicht immer gut kommen Unterhosen mit Herzchen-, Leoparden- oder Flammenmuster oder den Insignien eines Fußballvereins an, besonders dann nicht, wenn es der falsche ist.
- Wenig Freude bringt ein gehäkeltes Mousepad. Sie können sich vorstellen, warum.
- Wenig willkommen als Geschenk dürften selbst gefertigte Aschenbecher in allen Variationen von Form, Farbe und Material sein – sowohl bei Nichtrauchern als auch bei Rauchern.
- Auf Verwunderung dürfte treffen, wer lustige Monster-Hausschuhe, LED-Krawatten oder Wurstkonserven verschenkt.

# DER VERKLEMMTE WEIHNACHTSMANN

**24. Dezember 2013, Berlin**

Man weiß ja, warum der Weihnachtsmann nicht den Weg über die Haustüre nimmt – der Grund dafür ist ein ganz einfacher: weil er so viele Schlüssel für all die Haustüren nicht mitnehmen kann. Meistens funktioniert das auch alles ganz gut. Allerdings wird berichtet, dass der Leibesumfang von Weihnachtsmännern in den letzten Jahren und Jahrzehnten deutlich zugenommen hat, während der Durchmesser von Kaminen natürlich derselbe geblieben ist.

Vielleicht kannte der folgende Weihnachtsmann diese Überlegungen, wusste möglicherweise auch um seine ausgedehnte Taillenweite und zog es deshalb vor, statt durch den Kamin mithilfe des Aufzugs zum Ort der nächsten weihnachtlichen Auslieferung zu kommen, um nicht stecken zu bleiben. Aber genau das passierte: Statt im Kamin blieb Santa im Aufzug stecken. So ist es ausgerechnet am 24. Dezember 2013 im Berliner Stadtteil Marzahn-Hellersdorf geschehen, wie die »Berliner Zeitung« berichtete. Der Weihnachtsmann war im Aufzug eines Mehrfamilienhauses zwischen der zweiten und dritten Etage gefangen, und es dauerte einige Zeit, bis seine Retter, sechs mutige Feuerwehrleute, ihn aus der misslichen Lage befreien konnten.

# HACH, WIE UNPERSÖNLICH!
*Weihnachtsgrüße per WhatsApp – ein Fallbeispiel*

Hach, was freute sich Tante Anni früher immer, wenn sie Weihnachtskarten bekam! Das ist nun vorbei: Sie hat einen Kursus »Mobile Kommunikation für Senioren« bei der Volkshochschule belegt, sich anschließend sofort ein Mobiltelefon gekauft und – erstaunlich genug – sie kann es auch bedienen! Mehr noch: Sie hat WhatsApp für sich entdeckt! Und wie sie früher auf den Postboten lauerte, so sitzt sie heute mit ihrer Teetasse neben dem Handy und wartet auf Weihnachtsnachrichten.

Zugegeben, es war früher schon eine ziemliche Plage, die Weihnachtskartenschreiberei. Wer aber glaubt, dass es durch die digitale Kommunikation nun einfacher geworden ist, irrt sich. Denn zum einen möchte man ja nicht einfach schreiben »Die besten Wünsche zum Weihnachtsfest wünschen dir, Tante Anni, dein Holger, deine Gesine und die Kinder!« Zum andern ist Tante Anni ja eine schwerreiche Erbtante. Ein Foto oder ein Filmchen auf dem Monitor ihres iPhone 7s kann sie also schon erwarten. Und es gibt auch eine gewisse Konkurrenz unter den Verwandten. Neffe Niko hat ihr einen wundervollen Adventskranz fotografiert. Gesines Schwester legte mit dem Foto der Katze unter dem Weihnachtsbaum nach, niedlich, zu niedlich! Holger und Gesine hatten keine Wahl: Es musste ein Film sein! Leichter gesagt als getan! Holger kam beim ersten Casting als Weihnachtsmann ganz übel rüber, besonders in der Szene, in der er den Mantel aufklappt. Und die Szene mit den Kindern, die Geschenke auspacken, wirkte absolut gestellt, weil nichts in den Paketen drin war und die Kinder genau das auch nicht für sich behalten konnten. So kam es, dass Gesine jetzt seit einigen Wochen an einem Drehbuch schreibt und Holger die Spezialeffekte ausprobiert. Zweimal war die Feuerwehr schon da, weil er allzu viel Pyrotechnik eingesetzt hatte. Drei Drehbuch-Versionen verwarf der Familienrat als a) zu langweilig, b) zu kitschig und c) zu blutrünstig, und so sah es ganz so aus, als würde es bei der Textnachricht bleiben. Zu allem Überfluss hat Gesine auf der Suche nach unterschiedlichen Versionen der bisherigen Dreharbeiten auf Holgers Rechner Filme mit ganz und gar nicht weihnachtlicher Thematik entdeckt. Das spaltete das familiäre Filmteam in zwei Fraktionen – hier der peinlich berührte Holger, dort die Restfamilie mit dem ausgestreckten Zeigefinger. Niemand hatte mehr so recht Lust, an dem Weihnachtsfilm weiterzuarbeiten. Die Rettung kam von Gesines Freundin Tina, die irgendwo im Internet ein unglaublich lustiges Weihnachts-Video gefunden hatte und es nun an jedermann als Weihnachtsgruß verschickte: Ein Gürteltier mit einer Weihnachtsmannmütze sitzt unter einem Tannenbaum und frisst einen Zimtstern. Goldig, so was von goldig. Anklicken, weiterleiten, fertig! Tante Anni war begeistert. So persönlich können heute Weihnachtsgrüße sein. Nur: Neffe Niko hat Tante Anni zum Fest einen Kursus »Internet für Senioren« geschenkt. Hoffentlich kommt sie uns nicht eines Tages auf die Schliche.

# GIBT ES SIE WIRKLICH?
*Christkind oder Weihnachtsmann*

Erstaunlicherweise wird diese Frage nicht sehr häufig gestellt. Und irgendwie teilen sich die beiden unterdessen den Job. In Supermärkten, im Kindergarten und in der Schule, bei der betrieblichen Weihnachtsfeier und auf anderen Veranstaltungen in der Öffentlichkeit leuchtet der rote Mantel des Weihnachtsmanns aus der Menge, aber am 24. Dezember warten Eltern und Kinder auf das Christkind und somit auf die Bescherung. Und das, obwohl sie in tausend Weihnachtsgeschichten und Hunderten Spielfilmen gesehen haben, dass Santa Claus die Geschenke auf einem Rentierschlitten transportiert. In gewisser Weise herrscht also eine ziemliche weihnachtliche Verwirrung.

Die Frage, wer denn nun legitimer offizieller Vertreter des Weihnachtsfestes ist, stellt kaum jemand – es herrscht eine unhinterfragte friedliche Koexistenz. Wer eine Antwort sucht, forscht vielleicht zuerst in der Geschichte des Weihnachtsfestes nach und stellt fest: Auf den ersten Blick hätte das Christkind die älteren Rechte, denn es wurzelt in der über 2000 Jahre alten christlichen Religion. Der rot-weiße »Standard-Weihnachtsmann« soll, wie Gerüchte besagen, erst zu Beginn des 20. Jahrhunderts für eine Werbekampagne von Coca-Cola erfunden worden sein.

Auch wenn der Konzern dies sicher bestätigen würde, so entstand das heutige Stereotyp des US-Weihnachtsmanns Santa Claus doch ganz schrittweise aus der Figur des Nikolaus, der schon mehrere Jahrhunderte in Europa für den Transport weihnachtlicher Waren zuständig war. Die Vorstellung von dieser Nikolausgestalt basierte jedoch auf der Gestalt des Nikolaus von Myra, der in der ersten Hälfte des 4. Jahrhunderts als griechischer Bischof von Myra im kleinasiatischen Lykien wirkte und unter anderem auch als der Schutzpatron der Schüler und aller Kinder angesehen wurde. Deshalb wurde der Nikolaus immer naturgetreu als aufrechter und seriöser Bischof mit Stab und Mitra dargestellt.

Mit Einwanderern aus Holland gelangte »Sinter Klaas« schon früh in die Neue Welt, übernahm die Funktion eines Schutzpatrons für Neu-Amsterdam, dem späteren New York, und wandelte sich über verschiedene Form-, Größen- und Bekleidungsvarianten zu dem amerikanischen Weihnachtsmann, wie man ihn seit den Zwanzigerjahren des 20. Jahrhunderts und bis heute kennt: rot-weiß, etwas dicklich, mit Mütze und weißem Bart, ständig ein fröhliches »Hohoho!« auf den Lippen.

Coca-Cola warb erst 1931 mit einer Weihnachtsmann-Anzeige in Rot-Weiß, wobei der Weihnachtsmann die Gesichtszüge eines pensionierten Coca-Cola-Mitarbeiters trug. Die rote Bekleidung des Weihnachtsmanns ist übrigens schon im »Struwwelpeter«, einem 1845 entstandenen Kinderbuch des Frankfurter Arztes Heinrich Hoffmann, dokumentiert. Der weiße Fellrand an den Ärmeln und am Kragen der Robe fehlt hier allerdings noch.

*Fazit:* Sowohl Christkind als auch Weihnachtsmann verfügen über einen beeindruckenden geschichtlichen Hintergrund und sind legitime Botschafter des Weihnachtsfestes, wobei das Christkind vielleicht um eine niedliche Nasenlänge vorne liegt.

# WEIHNACHTSRITUALE
*Jetzt wird erst mal gesungen!*

Rund um das Weihnachtsfest reiht sich ein ganzes Arsenal von Vorschriften und Regeln – meinen Verfechter des ritualisierten Weihnachtsfestes. Zeitgenossen, die das Fest eher kritisch sehen, haben dazu eine andere Meinung:

- Erst mit der Christmette nachts um 24 Uhr kommt echte Weihnachtsfreude auf. Lästermäuler meinen: Es gibt kaum einen effektiveren Weg zu einer Erkältung, als sich in nächtlicher Dunkelheit durch Schneematsch und Nieselregen in eine kalte Kirche zu schleppen und dort Freiübungen abzuhalten. Sitzen – stehen – knien – sitzen – stehen – knien. Besonders effektiv attackiert kalte Weihrauchluft die Bronchien, wenn man weihnachtliche Choräle singt.
- Nicht nur amerikanische Goldsucher pflegten wenigstens einmal im Jahr zu baden, nämlich zu Weihnachten – heute ein leerlaufendes Ritual, duscht doch ohnehin jeder dreimal am Tag.
- Festliche Kleidung ist ein Muss – erst wenn man sich fühlt wie das Schwein in des Bauern Oberhemd, kann man sich unterm Tannenbaum sehen lassen.

- Oma meinte immer, das Absingen von Weihnachtsliedern vor der Bescherung würde die Vorfreude auf die Weihnachtsgaben steigern. Alle anderen dachten schon immer: Es gibt kaum eine effektivere Art, Kinder zu foltern, als sie vor der Bescherung zum Singen zu zwingen.
- *Apropos foltern:* Muttis Weihnachtskekse müssen kollektiv und im Chor Lobpreisung erfahren, auch wenn sie wie alter Zwieback gefüllt mit Schuhcreme schmecken, Opas Zahnersatz ruinieren, Papa an den dringend anstehenden Austausch seiner Bremsbeläge denken lassen und bei der ganzen Familie wie Steine im Magen liegen.

# DIE WEIHNACHTS-RALLYE
*Autobahn-Katastrophen – ein Fallbeispiel*

**Dieses Jahr feiern wir ruhige und beschauliche Weihnachten im Kreise der Familie! Kennen Sie diesen Satz?** Haben Sie sich eigentlich mal vergegenwärtigt, auf welch katastrophale Weise der Wunsch nach familiären Kontakten das Weihnachtsfest intensiven Straßenverkehr generiert? Nehmen wir nur eine einzige Familie: Die Feier am Heiligabend findet bei Familie Gantenkötter in Gelsenkirchen daheim statt, deren Sohn Gereon (21) reist 400 km aus seiner Universitätsstadt an, die Tochter Gerlinde (20) aus ihrem Bauernhaus an der niederländischen Grenze. Die Großeltern, zurzeit wohnhaft in Leipzig, eilen aus ihrem Ferienhaus an der Nordsee herbei und die Schwiegereltern aus ihrem Altersruhesitz im Allgäu, also in den Alpen. Am ersten Feiertag fahren Sohn und Tochter Gantenkötter in das günstigerweise freie Ferienhaus an die Nordsee, während Großeltern und Schwiegereltern wieder nach Hause fahren, weil ja am zweiten Feiertag die mittlere Generation, nämlich Familie Gantenkötter samt Sohn und Tochter, zunächst nach Leipzig fährt, um noch im Laufe des Nachmittags in Richtung Süddeutschland aufzubrechen, um den Weihnachtsbesuch bei den Schwiegereltern im alpinen Chalet ableisten zu können. Am dritten oder vierten Feiertag fahren alle wieder nach Hause und legen wiederum Hunderte von Kilometern zurück, falls noch jeder weiß, wo er eigentlich wohnt. Ruhige und beschauliche Weihnachten?

# SCHICK FÜRS FEST?
*Gibt es eigentlich einen Weihnachts-Dresscode?*

Früher, als man zum Fest auf jeden Fall noch in die Kirche ging, war Festtagskleidung – also dunkler Anzug bei den Herren und ein elegantes Kleid bei den Damen – unumgänglich. Heute sieht das anders aus, alle können tragen, was sie mögen – nur: Eine Aussage zur jeweiligen Einstellung zum Weihnachtsfest trifft man mit jedem Kleidungsstück, das man wählt:

- Alltägliche Kleidung, Werkzeuggürtel mit 224 Teilen: Ich bin der Hausherr und habe mein Weihnachtsgeschenk schon bekommen.
- Dunkler Anzug, von oben bis unten mit rosa Flecken bekleckert: Ich bin hier der Opa und habe schon mal am Heringssalat genascht.
- Dunkles Kleid und weiße Schürze, von oben bis unten bekleckert: Ich bin hier die Hausfrau und muss wenigstens einmal im Jahr kochen.
- Kariertes Hemd, Nerdbrille, Jeans mit Bügelfalte: Ich studiere Maschinenbau, besuche meine Eltern zum Fest und halte das für ein angemessenes Weihnachts-Outfit.
- Jogginghose und Schlabberpullover, Bierdose in der Hand: Weihnachten geht mir völlig am A… vorbei.

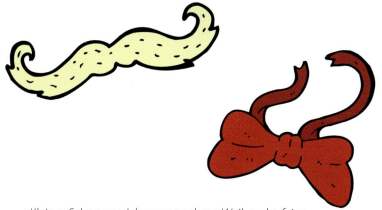

- Kleines Schwarzes: Ich muss noch zur Weihnachtsfeier in die Firma.
- Minirock, Ausschnitt bis zum Bauchnabel: Ich bin 15 und mein neuer Freund feiert mit uns.
- Rot-weißer Mantel, rot-weiße Zipfelmütze: Ich bin's! Santa!
- Rußgeschwärztes Gesicht, kleine Rauchwolken beim Husten, ehemals schneeweiße Bluse, Brandblasen an den Fingern: Verdammt, mir ist mein erster Weihnachtsbraten missglückt!
- Schlafanzug bei einem Vierjährigen: Weihnachten ist mir egal, ich will meine Geschenke auspacken!
- Schlafanzug bei einem Vierzigjährigen: Was für einen Tag haben wir heute?
- Walla-Walla-Kleid, Perlen ins Haar geflochten, überirdisches Grinsen: Ich bin hier die Oma und habe die Haselnuss-Hasch-Kekse gebacken.
- Jogginghose unter dem Bauch, übergroßes T-Shirt, Ringe unter den Augen: Ich bin Autor, schreibe Weihnachtsbücher und will von Weihnachten nichts mehr hören.

# AUF DÜNNEM EIS

*Dessous zum Fest*

*… für SIE:* oder doch eher für ihn – eine der größten Weihnachtskatastrophen überhaupt. Nur die wenigsten Männer sind dazu in der Lage, ihren Frauen geschmackvolle Dessous zu schenken. Meistens entlarven sie schon beim ersten Versuch ihre eigenen abnormen Vorlieben und kaufen Kleidungsstücke, die SIE niemals tragen würde, außer in seinen abseitigen Träumen. Die Blamage nach dem missglückten Dessous-Geschenk vergisst ein Mann nie und schenkt künftig klug und brav, was er nach Meinung seiner Angebeteten schenken soll: wertvolle Gutscheine oder hochwertigen Schmuck.

*… für IHN:* Bei Männern ist die Sachlage anders. Sie brauchen für gewöhnlich dringend eine geschmackvolle Unterwäscheberatung. Doch auch hier ist die Auswahl problematisch.
Hier ein paar Regeln für die Frau, die ihren Mann mit Dessous beschenken möchte:

- Denken Sie immer daran, dass Sie mit einem coolen Stück Männerunterwäsche immer noch denselben Kerl behalten! Wenn Sie sich mit diesem Gedanken nicht anfreunden können, wechseln Sie lieber gleich!

- Boxershorts machen aus Ihrem Mann keinen Boxer, aber sie stehen ihm sicher besser als knapp sitzende weiße Feinripp-Unterhosen. Auf jeden Fall sieht man bei Boxershorts nicht sofort, was Sache ist, und kann sich so manche Illusionen für einen Augenblick länger erhalten.
- Netzwäsche kann ultrascharf aussehen. Achten Sie aber auf die Nebenwirkungen: Bei Männern mit Bierbauch können schwere anhaltende weibliche Lachkrämpfe den Einsatz eines Notarztes notwendig machen.
- Achten Sie auf die richtige Farbe! In Lachs oder Flieder können auch attraktive Männer eigenartig rüberkommen.
- Gut für die Libido: Unterhosen mit dem Emblem seines Lieblings-Fußballklubs. Entsprechend zerstörerisch auf seine Potenz und Ihre Beziehung wirken Kleidungsstücke mit dem falschen Vereinslogo.
- Bewahren Sie die Rechnung für einen etwaigen Umtausch auf! Vielleicht will er doch lieber die Outdoor-Multifunktionsjacke.

# KLING, GLÖCKCHEN, KLINGELINGELING …
*Seelische Grausamkeit*

**Nicht jeder findet Weihnachtliches schön** – auf jeden Fall nicht überall und immer und immer wieder. Der Berliner ver.di-Geschäftsführer Roland Tremper bezeichnete im Jahre 2003 die ununterbrochene Berieselung mit Weihnachtsliedern für das Verkaufspersonal als »einen Akt seelischer Grausamkeit«. Er forderte die Verlängerung der Pausen für die Mitarbeiter während der Weihnachtszeit um 15 Minuten.

*Kamin-Klaustrophobie*

Wenn Sie in irgendwelchen Zusammenhängen die Rolle als Weihnachtsmann übernehmen müssen, sollten Sie sich seelisch darauf einstellen, in einem engen Kamin stecken zu bleiben – und das kann unangenehme Panikgefühle verursachen!

**Therapieansatz 1:** Das Gefühl der Panik geht schnell vorbei, wenn Sie die Feuerwehr nach fünf oder sechs Stunden befreit hat. Machen Sie sich also keine allzu großen Sorgen, sondern vergegenwärtigen Sie sich die positiven Aspekte dieses kleinen Unfalls. Als im letzten Jahr der Musiklehrer Ihrer Tochter beim Krippenspiel im Kulissen-Kamin auf der Bühne stecken geblieben ist, hatte er großen Erfolg. So hat das Publikum eines Weihnachtsmärchens noch nie gelacht, wenn auch auf seine Kosten.

**Therapieansatz 2:** Wenn Sie das Desaster verhindern wollen, verzichten Sie dieses Jahr einfach zwei bis drei Wochen vor dem Fest auf feste Nahrung – dann funktioniert der Stunt durch den Kamin perfekt.

### *Weihnachtsgeschenke speziell für Männer?*

SOS – Socken, Oberhemd, Schlips: So fantasielos kann Weihnachten sein. Sätze wie »Socken – und dann auch noch karierte! Davon habe ich schon immer geträumt!« hört man noch immer bei der Bescherung, und es gibt eine ganze Reihe von weiteren »praktischen« und »kreativen« Geschenken, die kaum besondere Begeisterung hervorrufen dürften.

Hierzu gehören »witzige« Krawatten, lustig bedruckte T-Shirts oder Unterhosen, aromatisch gewagte Rasierwässer und selbst gestrickte Pullover, besonders Erstlingswerke. Auf ähnlich katastrophale Resonanz dürften unterdessen ein USB-Tassenwärmer oder USB-Ventilator, Computermäuse als Porsche, Mercedes SL oder Ferrari, Solar-Handy-Ladegeräte, Handy-Ablagen in Form eines Liegestuhls, Whiskey- oder Biergläser mit Gravur oder billige Werkzeug-Sets aus dem 1-Euro-Shop stoßen. Dann schon lieber einen Euro schenken.

# DIE TEUERSTEN WEIHNACHTSGESCHENKE

Wer unermesslich reich ist, nichts Selbstgebasteltes oder Originelles wie Sudoku-Klopapier schenken will und beim Empfänger seines Geschenks mit einer ausgesprochen ablehnenden Reaktion rechnen muss, wenn dieses Geschenk eine so ekelhafte Eigenschaft besitzt, wie preiswert zu sein, kann im Internet unter dort angebotenen Luxus-Geschenkideen aussuchen. Hier eine Auswahl tatsächlich geschenkter Schätze und teurer Geschmacklosigkeiten:

- Luxusjacht, 100 m, mit Helikopterlandeplatz, 15 Kabinen, 6 Decks, Swimmingpool – *70 Millionen Dollar*
- Diamant, 76 Karat – *25 Millionen Dollar*
- Luftschiff – *10 Millionen Dollar*
- Helikopter – *6,7 Millionen Dollar*
- Life Time Airpass, VIP- Ticket von American Airlines – *3 Millionen Dollar*

- Aston Martin DB5, gefahren von Agent 007 – **2,6 Millionen englische Pfund**
- U-Boot »Deep Flight Aviator«– **1,7 Millionen Dollar**
- Bowling-Halle – **1,45 Millionen Dollar**
- Adventskalender aus dem Londoner Warenhaus Harrods – **1 Million Dollar**
- ganz persönliches Kleid von Star-Designer Valentino – **325 000 Dollar**
- Maserati Quattroporte – **125 000 Dollar**
- Luxusküche GD Cucine – **75 000 Dollar**
- Las Vegas Trike – **65 000 Dollar**
- Brosche mit echtem Mondstaub – **40 000 Dollar**
- Kinderfahrzeug Land Rover – **38 200 Dollar**
- Schweizer Diamant – Uhr von Designer David Yurman – **27 000 Dollar**
- Ritterrüstung – **20 000 Dollar**
- Go-Kart, Modell eines 1957 Chevy-Oldtimers – **3999 Dollar**

# SIE LAUERN ÜBERALL ...
*Die Weihnachts-Kalorienliste (Durchschnittswerte)*

| | |
|---|---|
| Aachener Printen *(20 g)* | 90 kcal |
| Anisplätzchen *(10 g)* | 45 kcal |
| Baseler Leckerli *(25 g)* | 95 kcal |
| Bethmännchen *(20 g)* | 95 kcal |
| Buttergebäck *(10 g)* | 45 kcal |
| Dominostein *(12 g)* | 55 kcal |
| Dresdner Stollen *(100 g)* | 410 kcal |
| Elisen-Lebkuchen *(40 g)* | 165 kcal |
| Florentiner | 70 kcal |
| Früchtebrot | 165 kcal |
| Heidesand *(6 g)* | 30 kcal |
| Honigkuchen *(70 g)* | 235 kcal |
| Makrone *(12 g)* | 50 kcal |
| Mandel-Spekulatius | 60 kcal |
| Marzipanstollen *(100 g)* | 400 kcal |
| Mohnstollen *(100 g)* | 330 kcal |

| | |
|---|---|
| Mürbeteig-Plätzchen | 40 kcal |
| Nürnberger Lebkuchen *(40 g)* | 165 kcal |
| Nussplätzchen *(10 g)* | 50 kcal |
| Nussprinten *(20 g)* | 90 kcal |
| Pfefferkuchen *(10 g)* | 35 kcal |
| Pfeffernüsse *(6 g)* | 20 kcal |
| Pflastersteine *(12 g)* | 50 kcal |
| Plumpudding *(100 g)* | 350 kcal |
| Quarkstollen *(100 g)* | 36 kcal |
| Schwarz-Weiß-Gebäck *(10 g)* | 45 kcal |
| Spekulatius *(10 g)* | 45 kcal |
| Springerle, Anisbrötli *(10 g)* | 35 kcal |
| Spritzgebäck *(10 g)* | 50 kcal |
| Vanillekipferl *(8 g)* | 40 kcal |
| Zimtstern *(15 g)* | 60 kcal |

# ES GEHT AUCH OHNE ...
## Historische Weihnachtshasser

**Die folgenden Herrschaften hatten oder haben etwas gegen Weihnachten:**

- Der strenge Reformer *Johannes Calvin* wollte das Weihnachtsfest abschaffen.
- *John Knox,* schottischer Reformator und Mitbegründer der presbyterianischen Kirchen, verbot im Jahre 1560 alle kirchlichen Feste. Diese Regelung wurde bis in das 20. Jahrhundert befolgt.
- Die *Quäker* lehnten das Weihnachtsfest ab und feiern es bis heute nicht. Auch Ostern, das Erntedankfest und andere sonst übliche kirchliche Feiertage kommen im Kalender der Quäker nicht vor.
- Die *Puritaner* im England des 17. Jahrhunderts, eine dem Calvinismus nahestehende Reformationsbewegung, war gegen das Weihnachtsfest, wie es in dieser Zeit begangen wurde. Neben einer kirchlichen Feier waren nämlich wahre Bacchanalien gang und gäbe – man tanzte, trank viel und vergnügte sich beim Glücksspiel. Geschenke zu Weihnachten gab es damals übrigens noch nicht.

- Im Jahre 1647 schaffte das englische Parlament das Weihnachtsfest ab und schloss die Kirchen an den Weihnachtstagen. Außerdem wurden die bisherigen Festtage zu gewöhnlichen Werktagen erklärt, die Menschen sollten arbeiten, die Händler ihre Geschäfte öffnen. Die Folge waren Krawalle in den Straßen von England und Schottland zwischen Weihnachts-Befürwortern und den Feinden des Festes. Geschäftsleute, die am Weihnachtstag ihre Läden öffneten, wurden beschimpft, in Canterbury wurden sogar Geschäfte geplündert und verwüstet. Viele Menschen feierten das Fest in privatem Rahmen weiter, wodurch es nun vollständig seinen religiösen Hintergrund verlor. Erst ab 1660, als die Herrschaft der Cromwells beendet war, Charles II. zum neuen König gekrönt wurde und die Monarchie in England wieder Fuß gefasst hatte, konnten die Menschen wieder Weihnachten feiern, ohne gegen Gesetze zu verstoßen.
- Die Vereinigten Staaten blieben gespalten: In Neuengland und Pennsylvania und in anderen Regionen mit einer Mehrheit an reformierten Christen (Presbyterianer, Quäker und Puritaner) wurde das Weihnachtsfest bis ins 19. Jahrhundert nicht begangen. In anderen Regionen feierte man auf altenglische Weise.

# HAARSTRÄUBENDES WEIHNACHTSPERSONAL
*Das Krippenscheißerchen*

Das Personal von weihnachtlichen Krippen steht eigentlich fest: Da sind die Hauptdarsteller Maria, Josef und das Christkind, der Ochse und der Esel, darüber in den Lüften die Engel und am Boden die Hirten mit ihren Schafen. Natürlich dürfen auch die Weisen aus dem Morgenland nicht fehlen, die ihre Geschenke – Gold, Weihrauch und Myrrhe – übergeben wollen. Das sind meist alle Mitspieler in einer Krippe, sollte man denken.
In Katalonien allerdings wird irgendwo in der Krippe unauffällig eine besondere Gestalt versteckt: der Caganer (»Scheißerchen«), ein Männchen in Bauerntracht mit heruntergelassenen Hosen und einem kleinen Haufen unter sich. Die Ursache für diese exhibitionistische Aktion ist nicht etwa grundlegende Kritik am katholischen Weihnachtsfest, sondern eine katalanische Tradition. Nicht einmal die spanische Kirche nimmt Anstoß an der Anwesenheit des unten herum Unbekleideten.

Und was soll nun der Scheißer in der Krippe? Er ist das Sinnbild für den Kreislauf der Natur und zugleich ein Fruchtbarkeitssymbol, denn er düngt die Erde und sorgt für eine gute Ernte. Ganz nebenbei bereichert er die Krippe um einen Unterhaltungseffekt: Besonders Kindern macht es viel Spaß, nach ihrer Lieblingsfigur zu suchen, die beim Aufbau der Krippe bewusst unauffällig positioniert wird.

Mittlerweile erfährt die Figur etliche Variationen: Es gibt auch einen Pixaner, der für die flüssige Entsorgung zuständig ist. Und der Caganer ist in Varianten erhältlich, die Persönlichkeiten aus Politik, Sport oder Medien darstellen: Der Fußballstar Ronaldinho beispielsweise, der Papst oder der spanische Ministerpräsident und Spaniens König standen bereits ungewollt Modell.

# ALLES FALSCH!
*Die beliebtesten Irrtümer zu Weihnachten*

Schlimm genug, dass Weihnachtsfanatiker den Dezember mit ihrem kollektiven Weihnachtsrausch in eine Dunstwolke von kollektiver Gefühligkeit tauchen. Zusätzlich nerven sie ihre Mitmenschen mit haarsträubenden Denkfehlern über das Fest. Hier eine kurze Auflistung der beliebtesten Irrungen und Wirrungen rund um das Weihnachtsfest:

- Nein, es ist kein Ross entsprungen – in dem kirchlichen Weihnachtslied aus dem 16. Jahrhundert »Es ist ein Ros entsprungen« geht es um eine erblühende Rose und nicht um ein Pferd.
- Noch ein gesungener Irrtum: Es heißt nicht »… alles schläft, OBI lacht …«, denn mit deutschen Baumarktketten hat das Weihnachtslied »Stille Nacht, heilige Nacht« nichts zu tun. Es geht in der zweiten Strophe, wo es heißt: »Gottes Sohn, o wie lacht …« auch nicht um einen Gottessohn namens Owi. Gottes einziger Sohn heißt Jesus.
- Auch wenn man es wegen der großen Aufmerksamkeit, ja geradezu Fixierung auf diese Festtage annehmen könnte: Weihnachten ist nicht das höchste christliche Fest. Diese Position nimmt nämlich Ostern ein.

- »Früher hatten wir immer weiße Weihnachten« – da hat Oma die Vergangenheit ein wenig verklärt. Zwar herrschte im 19. Jahrhundert in Europa eine Kältephase, aber so alt wird Großmutter nun doch nicht sein. Wer im Flachland wohnt, kann in unseren Breiten zu Weihnachten nur selten mit Schnee rechnen. Im Rhein-Main-Gebiet rieseln die Flocken durchschnittlich alle acht Jahre, in Norddeutschland und in der Oberrheinischen Tiefebene und Aachen alle zehn Jahre. Um den 20. Dezember beginnt meist eine Phase mit westlichen Luftströmungen, die milde Meeresluft bringen. Da ist eine weiße Weihnacht nur in den Bergen wahrscheinlich.
- Ein nachweihnachtlicher Irrtum: »C+M+B« steht nicht für »Caspar und Melchior und Balthasar«, sondern ist die Abkürzung für den lateinischen Spruch »Christus mansionem benedicat« – »Christus segne dieses Haus«.
- Und ein weiterer: Auch wenn die Ikea-Werbung den Irrtum suggeriert: Die Schweden werfen am 13. Januar zum Fest des Heiligen Knut ihren Weihnachtsbaum zwar im übertragenen Sinne aus der Wohnung, aber nicht aus dem Fenster. Purer Werbegag.

# WEIHNACHTS-PSYCHOKATASTROPHEN
*Ohne-Geschenk-Panikattacken*

Sie kennen das Gefühl, in einem Albtraum nackt oder in Unterwäsche mitten auf dem Bahnhofsvorplatz zu stehen? Dann wissen Sie auch, wie man sich bei einer Ohne-Geschenk-Panikattacke fühlt. Es ist aber auch schlimm: Alle anderen halten voluminöse und hübsch dekorierte Päckchen in Händen, obwohl man vereinbart hat, sich nichts zu schenken. Nur Sie haben nichts. Noch ist es nur ein Traum oder eine Halluzination gewesen, aber Sie sollten dieses Warnzeichen nicht ignorieren.

**Therapie:** Tauschen Sie Familie oder Freundeskreis gegen solche Menschen aus, die sich tatsächlich nichts schenken, oder machen Sie sich endlich auf den Weg in die Innenstadt, Geschenke zu kaufen! Vergessen Sie dabei nicht einen Besuch in den örtlichen Buchhandlungen!

# WEIHNACHTSKULINARIA
*Fisch oder Fisch*

Warum gibt es Heiligabend traditionell Heringssalat, ein Gericht, das so gut zu Pfeffernüssen, Lebkuchen und Marzipankartoffeln passt wie ein Tannenbaum zu Ostern? Immerhin kommen Walnüsse hinein – ein Weihnachtskompromiss? Wie der in Mittel- und Osteuropa seit alter Zeit verbreitete Weihnachtskarpfen ist der Heringssalat ein Fastengericht. Gefastet wird von St. Martin bis einschließlich Heiligabend. Während aber der Gänsebraten die Fastentage am Anfang und am Ende sozusagen einrahmt, gehört der Fisch mitten hinein.

Aber was denn nun – Hering oder Karpfen? Das ist nicht nur Geschmackssache. Der Heringssalat hat nebenbei vor dem Karpfen einen beachtlichen Vorteil: Man kann sich nicht mit ihm anfreunden. Der Weihnachtskarpfen wurde nämlich früher häufig lebend gekauft und ein paar Tage in der heimischen Badewanne gewässert, um das Schlamm-Aroma wegzubekommen – für Unroutinierte viel zu viel Zeit, dem friedlichen Tier in die traurigen Glupschaugen zu sehen. So mancher Hausfisch ist schon aus der schließlich gar nicht mehr so reinen Badewanne um Silvester herum in ein nahe liegendes Gewässer umgezogen. Kam der Karpfen doch irgendwie daheim zu Tode, so zerteilte man ihn in Süddeutschland, in Tschechien, der Slowakei und Ungarn in Stücke, panierte und briet ihn und servierte ihn mit

Kartoffelsalat oder Salzkartoffeln, Gurkensalat, Remoulade und Zitronenscheibe. Im Norden dagegen war Karpfen blau mit Salzkartoffeln, Petersilie und Meerrettichsauce der Favorit – oder eben genannter Heringssalat. Übrigens: Zu einigen Heringssalat-Rezepten gehört auch fein zerkleinertes und damit schön unauffällig gekochtes Rindfleisch, was der alten katholischen Tradition entspricht, sich selbst und himmlische Kontrollinstanzen an Fastentagen auszutricksen.

Der an und für sich kirchlich korrektere Karpfen hingegen wurde gerne zum Objekt finsteren Aberglaubens. Eine seiner Schuppen im Portemonnaie soll im neuen Jahr für immer genug Geldsegen sorgen. Im Kopf des Fisches sollen sich nach mittelalterlichen Vorstellungen die Marterwerkzeuge Jesu finden lassen, und die Kopfknochen sollen, richtig montiert, eine Vogelgestalt ergeben, welche den Heiligen Geist symbolisiert und Hexerei abwehrt. Fröhliche Bastelstunden beim Karpfenessen sind also programmiert. Ein mondförmiges Steinchen irgendwo über den Augen des Karpfens soll Glück bringen – also vielleicht erst den Vogel aus dem Fisch basteln, dann das Steinchen suchen. Handfest und ökologisch ganz plausibel klingt da schon der Brauch aus Schlesien, am Morgen nach dem Karpfenessen die Gräten im Garten unter den Obstbäumen zu bestatten, um deren Wachstum im kommenden Frühjahr zu begünstigen. Offenbar dünkt es die Schlesier, dass Karpfen düngt.

# FRESSATTACKE IM GROSSEN STIL

**27. November 2012, Dresden**

Wer das Wort Plätzchendiebstahl hört, denkt an niedliche Kleinkinder, die in der Küche einen gewagten Turmbau aus Stühlen errichten, um an die Keksdose oben auf dem Schrank zu kommen. Kaum jemand wird glauben, dass erwachsene Einbrecher es auf Plätzchen abgesehen haben. Doch, auch sie haben Appetit auf Gebäck: Am 27. November 2012 versuchten gleich zwei Täter im Alter von 25 und 29 Jahren in einem Backshop in Dresden-Löbtau Kekse zu klauen. Sie brachen die Eingangstür auf, lösten damit einen Alarm aus und wurden kurz darauf von der Polizei festgenommen – mit ihrer Beute, bestehend aus unterschiedlichen Plätzchen im Wert von 17,50 €.

# EINE SCHWEDISCHE STADT UND IHRE WEIHNACHTSZIEGEN

*Wetten auf den Feuerteufel*

### 27. November 2011, Gävle

Gleich 13 m hoch und 7 m lang ragte 1966 die erste riesige Ziege aus Stroh in den weihnachtlichen Himmel der schwedischen Stadt Gävle, und seither werden am ersten Adventssonntag jeden Jahres Weihnachtsziegen aus Stroh auf einem Platz namens Slottstorget aufgebaut. Ursprünglich geht das kuriose Weihnachtssymbol auf den Julbock zurück, der den Donnergott Thor symbolisiert. Ob das gehörnte Tier tatsächlich ein geeignetes Weihnachtssymbol ist oder nicht, spielt aber keine große Rolle mehr, denn mittlerweile geht es vor allem um katastrophale Ereignisse rund um die Ziege. Wer wird sie wann anstecken oder umwerfen? Regelmäßig endet die Weihnachtsziege, schwedisch Gävlebock genannt, in einem Flammenmeer oder von Vandalen umgestoßen, und es werden sogar Wetten darauf abgeschlossen: Wann brennt die Ziege? Wird sie den Heiligen Abend überleben? Eine solche Wette kann auch finanziell katastrophale Folgen haben. Übrigens: Weihnachtsziegen gibt es auch anderen Ortes. In Norddeutschland sind Habergeiß und Klapperbock Verwandte der schwedischen Weihnachtsziege.

# KATASTROPHEN AM HEILIGEN ABEND
*Zum Christfest geht der Satan auf Stelzen!*

### 24. Dezember 1598, Rom
Der durch die Stadt Rom führende Fluss Tiber zerstörte genau am Heiligen Abend des Jahres 1598 eine der ältesten Steinbrücken der Stadt, den Pons Aemilius aus dem Jahre 74 v. Chr., eine Bogenbrücke mit Keilsteingewölbe. Das Hochwasser schwemmte zwei der fünf im Wasser stehenden Pfeiler und drei Brückenbögen fort. Heute steht nur noch ein einzelner Bogen in der Flussmitte, genannt »Ponte Rotto«, die »zerstörte Brücke«. Direkt daneben kann man den Fluss über die Ponte Palatino überqueren.

### *Belohnter Kirchgang*
### 24. Dezember 1678, Hardegsen
Der Heilige Abend 1678 fiel in der niedersächsischen Kleinstadt Hardegsen alles andere als beschaulich aus: Ein Großbrand zerstörte einen Großteil des Stadtkerns. Als Brandursache wird ein vergessener Weihnachtsbraten oder die damals illegale Trocknung von Flachs in einem Haus der Stadt vermutet. Menschliche Opfer waren nicht zu beklagen: Fast alle Bewohner der Stadt befanden sich in der Weihnachtsmesse, als das Feuer ausbrach. Zwar hatten schon häufiger Feuersbrünste Zerstörungen in der Stadt angerichtet, doch das Weihnachtsfeuer 1678 hatte die schwersten Schäden zur Folge.

### Stürmisches Fest mit schlimmen Folgen
**24. Dezember 1717, Nordseeküste**

Ein plötzlich einsetzender Nordweststurm in der Nacht vom 24. Dezember auf den 25. Dezember 1717 führte an der gesamten Nordseeküste zwischen den Niederlanden und Dänemark zu einer schweren Sturmflut. Deiche brachen, weite Landstriche standen unter Wasser. In den Niederlanden kamen 2500 Menschen ums Leben, in Norddeutschland waren 9000 menschliche Opfer zu beklagen. Auch Tausende Pferde, Rinder, Schweine und Schafe ertranken, zahllose Häuser wurden fortgespült oder beschädigt. Auf die Flutkatastrophe vom Heiligen Abend folgte starker Frost und Schneefall, neuerliche Sturmfluten am 25. Januar und 25. Februar 1718 brachen über das ungeschützte Land und seine Menschen herein.

### Hochkultur vernichtet
**24. Dezember 1851, Washington D. C.**

Über 35 000 Bücher, zahlreiche Kunstgegenstände und alle Einrichtungsgegenstände wurden Raub der Flammen, als am 24. Dezember 1851 in der Library of Congress in Washington D. C. ein Feuer wütete. Zwei Drittel des damaligen Bestandes verbrannten. Unter den zerstörten Kunstwerken befand sich ein Originalporträt von Christoph Kolumbus.

*Auch den Präsidenten trifft's*
**24. Dezember 1929, Washington D. C.**
Es trifft nicht nur gewöhnliche Wohnhäuser: Ausgerechnet am Heiligabend 1929 wurde der Westflügel des Weißen Hauses in Washington D. C. von einem Brand stark beschädigt. In diesem Teil des Gebäudes befinden sich wichtige Räumlichkeiten, unter anderem das Oval Office, der Cabinet Room, der Situation Room und der Roosevelt Room. Der damalige Präsident Herbert Hoover wurde während der Weihnachtsfeier des Weißen Hauses über den Ausbruch des Feuers informiert und verließ die Feier, um sich selbst um die Rettung von Dokumenten aus dem Oval Office zu kümmern. Aus Sicherheitsgründen musste der Präsident die Rettungsaktion von einem Platz auf dem Dach des nahe gelegenen Gewächshauses aus leiten. Das Feuer galt am 25. Dezember 1929 um 7:27 Uhr Ortszeit offiziell als gelöscht. Der Westflügel wurde nach dem Feuer wieder aufgebaut und in den Jahren danach mehrfach umgestaltet.

## Vulkanfeuer
### 24. Dezember 1953, Ruapehu

Das schwerste Eisenbahnunglück in der Geschichte Neuseelands ereignete sich, als am Heiligen Abend 1953 ein Ausbruch des Vulkans Ruapehu eine Schlammlawine aus dem Kratersee verursachte, welche durch das Tal des Flusses Whangaehu herabrollte und eine Eisenbahnbrücke massiv beschädigte. Ein Damm aus Vulkanasche war gebrochen, sodass der Inhalt des Kratersees sich in das Flussbett ergoss.

Als der Nachtexpress von Wellington nach Auckland sich gegen 22:21 Uhr der Brücke näherte, versuchte ein Autofahrer noch, den Zug durch Signale mit seiner Taschenlampe zu stoppen, doch die daraufhin eingeleitete Vollbremsung des Lokführers brachte den Zug nicht mehr rechtzeitig zum Stehen. Unter der Last der Lokomotive stürzte die beschädigte Brücke ein, die Lok riss ihren Tender und fünf Personenwagen der zweiten Klasse mit sich in die Tiefe. Sie wurden von der Schlammlawine mitgerissen, nur wenige Menschen konnten sich retten.

151 Menschen kamen ums Leben, weitere 134 der insgesamt 285 Reisenden überlebten das Unglück.

Amateurgeologen hatten zuvor die Behörden über die Gefahren durch einen bevorstehenden Ausbruch und einen möglichen Dammbruch gewarnt, doch ihre Warnungen wurden von den Verantwortlichen ignoriert.

*Weihnachts-Desaster im Dschungel*
*24. Dezember 1971, Regenwald in Peru*

Nur eine einzige Passagierin, die 17-jährige Deutsche Juliane Koepcke, überlebte den Absturz einer Propellermaschine des Typs Lockheed L-188 Electra über dem Regenwald von Peru. Das Flugzeug war durch Turbulenzen und Blitzschläge in einem schweren Gewitter in der Luft auseinandergebrochen, 91 der 92 Passagiere starben. Juliane Koepcke stürzte mit ihrem Flugzeugsitz in den Urwald und landete bewusstlos und mit einigen Verletzungen auf dem Waldboden; außerdem hatte das kurzsichtige Mädchen seine Brille verloren. Weil Suchflugzeuge sie unter dem dichten Blätterdach des Dschungels nicht finden konnten, irrte sie zehn Tage durch den Regenwald, bis sie schließlich das Lager von Waldarbeitern fand. Sie konnte überleben, weil ihr Vater ihr einige Regeln für derartige Notsituationen beigebracht hatte.

# STURMKATASTROPHEN ZU WEIHNACHTEN

### »Heini« vs. Weihnachtsbaum

Mit geballten Böen stürzte sich Sturmtief »Heini« im November 2015 auf den Weihnachtsmarkt vor dem Rathaus im Wuppertaler Stadtteil Barmen und beschädigte nicht nur eine Kindereisenbahn, sondern kippte auch den Weihnachtsbaum um, der der Veranstaltung nach ihrer Eröffnung am 23. November 2015 Glanz verleihen sollte. Auch in Erfurt blieb in dieser Nacht der Weihnachtsbaum nicht in der Senkrechten. Windböen mit bis zu 107 km/h fielen zwar weniger stark als erwartet aus, machten jedoch mancherorts die kommunale Weihnachtsplanung zunichte.

### USA verlieren langjährigen Weihnachtsbaum

Bis zum Weihnachtsfest waren es noch mehr als zehn Monate, als am 20. Februar 2011 der »Nationale Weihnachtsbaum« vor dem Weißen Haus in Washington von stürmischem Wetter dahingerafft wurde. Die etwa 47 Jahre alte Blautanne brach ungefähr einen Meter über dem Boden und musste durch einen neuen, standfesteren Nachfolger ersetzt werden. Die Beleuchtung des »National Christmas Tree« wird zu Beginn der Weihnachtszeit in einem feierlichen Akt vom Präsidenten selbst eingeschaltet. Sogar das Fernsehen ist dabei.

### *Das Kaarster Desaster*

Heftige Winde brachten am 12. Dezember 2014 auf dem Weihnachtsmarkt »Kaarster Sternstunden« das Ende für einen zehn Meter hohen Weihnachtsbaum. Der Stamm des Baumes brach und stürzte auf eine Verkaufsbude, die aber standhielt. Die Feuerwehr zersägte die gefallene Konifere in Stücke. Die weihnachtliche Veranstaltung blieb für den Rest des Jahres ohne Baum.

### *Orkan »Kyrill« wütet nach Weihnachten*

In Bornheim fiel dem Jahrhundertorkan »Kyrill« der Weihnachtsbaum auf dem Peter-Fryns-Platz zum Opfer, der im Dezember tapfer durchgehalten und bis in den Januar überlebt hatte. Weitere Opfer unter den Weihnachtsbäumen waren im Januar 2014 nicht zu beklagen, die meisten dürften in diesem Monat ohnehin ihr natürliches Ende gefunden haben.

# NOCH MEHR
# WEIHNACHTSKATASTROPHEN ...

*Deutlich zu schwer*

Als der 73-jährige Inhaber des Hotels »Benther Berg« vor seinem Haus in Ronnenberg, Ortsteil Benthe bei Hannover, einen Weihnachtsbaum aufstellen wollte, überschätzte er die Möglichkeiten seines Arbeitsgeräts: Der Frontlader, mit dessen Hilfe er den Baum aufrichten wollte, konnte 100 kg heben – der Baum wog aber 400 kg. Das Fahrzeug kippte samt seinem Fahrer um, der Baum stürzte darüber. Glücklicherweise wurde der ältere Herr nur leicht verletzt und konnte trotz seines Unfalls Weihnachten feiern. Das Aufstellen des Baumes vor dem Hotel übernahm die örtliche Feuerwehr.

*Vandalen am Werk*

Opfer jugendlicher Aggression wurde am 25. November 2011 ein Weihnachtsbaum auf dem Schweriner Weihnachtsmarkt. Wie die Schweriner Volkszeitung berichtete, rissen zwei wohl wenig weihnachtlich gestimmte 19-Jährige nicht nur die dekorativen Girlanden der Straßendekoration ab, sondern kippten auch einen Weihnachtsbaum um. Für ihre Bestrafung sorgte nicht Knecht Ruprecht, wie man annehmen sollte, sondern die örtliche Polizei. Sie fasste die Täter und ermittelte gegen sie wegen Sachbeschädigung. Als Tatmotiv nannten die Delinquenten: Langeweile.

## *Playstation 4 auf dem Holzweg*

Scott Lundy, neun Jahre alt und wohnhaft in den USA, sollte zu Weihnachten eine Spielekonsole bekommen, gekauft über den Versandhändler »Target«. Die Vorfreude war groß, der kleine Scott fieberte der Bescherung entgegen. Als er endlich das Packpapier entfernen durfte, wähnte er sich am Ziel seiner Träume: Er hielt einen Originalkarton einer Playstation 4 in Händen. Scotts Wangen glühten vor Begeisterung, er öffnete den Deckel und fand darin einen Holzklotz – einen simplen Holzklotz. Zu allem Überfluss war der hölzerne Dummy auch noch mit obszönen Kritzeleien beschriftet. Über Scotts Wangen rollten Tränen, denn er hatte eine der schlimmsten Kindertragödien dieser Tage erlebt, obwohl er so nah dran gewesen war: Weihnachten ohne Playstation 4! Was war geschehen?

Irgendwo auf dem Weg vom Hersteller zum Händler hatte sich ein Zeitgenosse mit reichlich krimineller Energie kostenlos bedient und das Spielgerät gegen den Klotz ausgetauscht. So jedenfalls vermutete es das Computerspielemagazin »Gamestar«, das über den Fall berichtete – und so wird es wohl auch gewesen sein.

Zum Glück ging für Scott alles doch noch gut aus: Der Versandhändler lieferte die bestellte Ware nach dem Fest und übergab dem kleinen Gamer außerdem einen Warengutschein in Höhe von 100 $ und ein zur Spielkonsole passendes Game. Wahrscheinlich hatte im Hintergrund Santa Claus die Fäden gezogen.

### *Verwechselte Geschenke*

Sie kennen das vielleicht aus einem Witz: Da packt die hochgeschätzte Sekretärin das Weihnachtsgeschenk ihres Chefs aus, und es ist – ein Stück Seife! Die Angestellte guckt pikiert und der Boss flucht: »Mist, dann hat meine Frau ja jetzt den Diamantring!«
Es gibt viele solcher Möglichkeiten für lustig-katastrophale Verwechslungen: Ihr rustikaler Freund Holger (Sie wissen schon, der mit dem Körpergeruch) hat den Cartier-Luxusfüller ausgepackt? Dann haben Sie dem Chef des Aufsichtsrats sechs Sprühdosen »Hydrocid Deo Extreme« mit Gruß von der ganzen Belegschaft zukommen lassen. Da kommt echte Weihnachtsfreude auf!

# ZU WARM – ZU KALT:
## WETTERKATASTROPHEN ZUM FEST

In unseren kollektiven Weihnachtsträumen liegt Schnee – feines weißes Pulver, mehr als nur eine dünne Schicht, aber auch nicht zu hoch, gerade richtig zum Schlittenfahren durch einen verschneiten Tannenwald unter einem funkelnden Sternenhimmel. Leider sieht die Realität meist anders aus. Entweder schießt das Thermometer in ganz und gar unweihnachtliche Höhen, oder die Quecksilbersäule stürzt tief hinab in arktische Gefilde und verwandelt unsere festlichen Traumlandschaften in einen riesenhaften Tiefkühlschrank, klirrend vor Frost. Das ideale Weihnachtswetter ist selten – statt weiße heißt es oft warme Weihnacht …

*Höchsttemperatur am 24. Dezember 2012*
Freiburg *(Baden-Württemberg)* 18,9 °C
Emmendingen-Mundingen *(Baden-Württemberg)* 18,7 °C
Müllheim *(Baden-Württemberg)* 18,4 °C

*Tiefstwerte am 24. Dezember 2001:*
Hermaringen-Allewind *(Baden-Württemberg)* -28,5 °C
Feuchtwangen *(Bayern)* -27,1 °C
Geisingen *(Baden-Württemberg)* -25,0 °C, gegen Morgen -33,0 °C

*25. Dezember 2013*
*Moskau: Wärmster Wintertag seit 100 Jahren*

Während im Norden der USA und in Kanada mehr als eine halbe Million Haushalte durch einen Schneesturm von der Stromversorgung getrennt wurden und das Weihnachtsfest in Kälte und Dunkelheit verbringen mussten, kletterte das Thermometer in der russischen Hauptstadt Moskau auf 3,5 °C – noch kein Frühlingslüftchen, aber für russische Verhältnisse eine Rarität: Tauwetter und Sonnenschein zu Weihnachten! Auch der bisherige Wärmerekord zum Fest wurde übertroffen: 2010 maß die Wetterstation nur 3,1 °C.

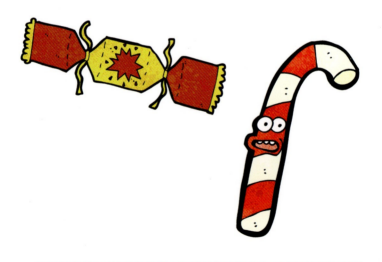

# WHO IS DREAMING OF A WHITE CHRISTMAS?

Von weißer Weihnacht träumen nicht nur Kinder – auch Europas erwachsene Bürger verbinden das Weihnachtsfest mit Schnee und nehmen dafür auch katastrophale Straßenverhältnisse in Kauf. Vor allem die Finnen hoffen auf fallende Flocken (67 %). In Deutschland möchte jeder Zweite das Christkind von möglichst viel Weiß umrahmt sehen, während sich Großbritanniens Bürger bescheiden zeigen (30 %) und mit der Realität abfinden: Die Britischen Inseln sind der unwahrscheinlichste Ort für weihnachtliche Schneeüberraschungen.

# OPA LÜGT DOCH, ODER?
## *40 Zentimeter Schnee zum Fest?*

Da erklären dir deine Eltern, dass du immer die Wahrheit sagen sollst, und ausgerechnet Opa lügt am Weihnachtsabend wie gedruckt, wenn es um das Klischeethema der weißen Weihnacht geht. Nein, der alte Herr hat recht! Besonders in den Gipfellagen der Mittelgebirge und in den Alpen gab es an manchem 24. Dezember auch mal Schnee, und das nicht zu knapp:

*1981* lagen *4,60 m* Schnee auf der Zugspitze.

*1952* türmten sich *2,33 m* Schnee auf dem Brocken, dem höchsten Berg im Harz.

*1974* bedeckten den Feldberg im Schwarzwald immerhin *2,22 m* Schnee.

*1962* betrug die Schneehöhe in Reit im Winkl am Heiligen Abend immerhin *1,40 m*.

*2009* gab es immerhin eine dünne Schneeschicht, mancherorts *5–7 cm* stark.

*2010* lag fast ganz Norddeutschland am Heiligen Abend unter einer Schneedecke von etwa *15–40 cm*, in der Hauptstadt Berlin waren es *22 cm*, auf der Nordseeinsel Helgoland immerhin *9 cm*.

Sollten auch Sie für dieses Jahr auf ein weißes Weihnachtsfest hoffen: In Berlin lag in den letzten 125 Jahren am Heiligen Abend nur 24 Mal Schnee. Die durchschnittliche Dicke der Schneedecke betrug dabei 6 cm.

# ENERGIEKATASTROPHE: WEIHNACHTEN OHNE STROM

*Tuttlingen genießt den Kerzenschein*

Etwa 35 000 Menschen in Tuttlingen (Baden-Württemberg) und dem Nachbarort Nendingen hatten am ersten Weihnachtsfeiertag 2015 Gelegenheit, echtes Kerzenlicht ganz besonders intensiv zu nutzen, nämlich als einzige Beleuchtung. Alternativ boten sich vielleicht noch Taschenlampen oder Mobiltelefone mit entsprechender App an, denn um 17:00 Uhr fiel das Stromnetz der Stadt aus, und weihnachtliche Finsternis senkte sich über die Häuser, wie die örtliche Tageszeitung, der »Schwarzwälder Bote«, berichtete. Nach etwa drei Stunden war es mit der erzwungenen Romantik auch im letzten Haus vorbei – das Licht ging wieder an. Ursache war ein Brand in einem Umspannwerk. In Baden-Württemberg reagierte man auf die plötzliche Finsternis professionell: Etwa 200 zum etwaigen Kampf gegen die Dunkelheit bereitstehende Einsatzkräfte von Freiwilliger Feuerwehr, Technischem Hilfswerk, DRK, Stadtwerken, Bauhof und Polizei konnten wieder nach Hause gehen, Weihnachten feiern.

*Kein Einzelfall:* Weniger Glück hatten 2002 Tausende Bundesbürger im Norden der Republik: Eisregen hatte am Heiligen Abend nicht nur die Oberleitungen der Bahn, sondern auch zahlreiche Freilandleitungen beschädigt. Für manchen Haushalt bedeutete dies Frieren in der Dunkelheit, denn auch Gas- und Ölheizungen funktionieren nicht ohne Strom. Besitzer eines Kamins oder eines Holzofens waren deutlich im Vorteil. Auch die Lichter am Weihnachtsbaum blieben dunkel, wenn die Kerzen nicht aus Wachs waren. Einige abgelegene Anwesen konnten erst am zweiten Weihnachtstag wieder ans Stromnetz angeschlossen werden.

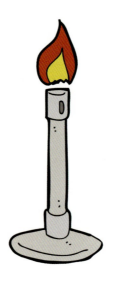

# WEIHNACHTLICHER DIEBSTAHL

Wer hätte das gedacht? Weihnachtsbaum-Diebstahl in allen Varianten ist ein ausgesprochen verbreitetes Delikt – schon erstaunlich, wie viele Menschen versuchen, sich auf illegale Weise Weihnachtsbäume zu beschaffen. Hier einige Beispiele von vielen möglichen, zum Teil kuriosen Varianten:

### *Mann klaut Weihnachtsbaum in Bayreuth*
Am frühen Morgen des 20. Dezember 2015 fiel der Polizei in Bayreuth ein Mann auf, der einen Weihnachtsbaum hinter sich herzog. Wie sich herausstellte, hatte der 22-jährige Verbrecher den Baum aus einem Verkaufsstand am Jean-Paul-Platz entwendet. Nun muss er sich wegen Diebstahl vor Gericht verantworten. War es das wert? Und: Hatte das Stil? Wir klauten früher unsere Weihnachtsbäume direkt im Wald …

### *Drei Studenten auf Diebestour*
Sie kannten sich offenbar aus mit Weihnachtsbäumen: Keine billige Fichte, sondern eine wertvolle Nordmanntanne hatten sich am 11. Dezember 2015 drei Studenten in Jena aus einem Verkaufsstand am Inselplatz organisiert, als sie gegen 5:00 Uhr morgens samt ihrem weihnachtlichen Diebesgut einer Polizeistreife in die Arme liefen.

Da half kein Leugnen: Die Beamten nahmen eine Diebstahlsanzeige auf. Auch hier die Frage: Hat sich das gelohnt?

Effektiver und auch erfolgreicher gingen die folgenden Diebe vor:

**Freiburg, 24. November 2015**
*Noch ein Weihnachtsbaum geklaut*
Sie hatten ihr Weihnachtsfest großzügig geplant und ein ansprechender Baum gehörte dazu. Aber woher nimmt man den nur? Kein Problem: Gleich einen kompletten Weihnachtsbaum – eine 1,80 m hohe Nordmanntanne mit Lichterkette und Schmuck – haben am Morgen des 24. November zwischen 6:00 Uhr und 8:00 Uhr Diebe auf dem Freiburger Weihnachtsmarkt gestohlen. Die örtliche Polizei vermutete dahinter einen schlechten Scherz – oder einen Akt der persönlichen Bereicherung. Was der aufmerksame Leser aber möglicherweise infrage stellt: Wer klaut schon am 24. November einen Weihnachtsbaum? Bis Weihnachten bleibt der doch gar nicht frisch!

*Erst Tanne geklaut, dann zurückgebracht*
Allzu verlockend fand eine Frau aus Hagen am 17. Dezember 2015 einen komplett geschmückten Weihnachtsbaum im Garten einer Familie am Syburgweg in Hohenlimburg. Sie konnte nicht widerstehen und eignete sich das Weihnachtsmonument widerrechtlich an. Die bestohlene Familie meldete den Diebstahl, und

die Polizei fand einen Zeugen, der aussagte, er habe einen zur Beschreibung passenden Baum in einer Wohnung ganz in der Nähe gesehen. Dort angekommen, fand die Polizeistreife das gestohlene Objekt. Auf Befragung durch die Beamten gab die 41-jährige Täterin ihr Verbrechen reumütig zu und brachte die Tanne zurück. Die bestohlene Familie verzichtete darauf, den Diebstahl zur Anzeige zu bringen.

### *Der Christbaum aus dem Nordend*
**Am 21. Januar 2016 berichtet die »Frankfurter Neue Presse«:**
Plötzlich war er verschwunden, der Christbaum vor Sandro Cianis Geschäft, dem »Eccolo Kochladen« im Frankfurter Nordend. Wohin, wusste zunächst niemand, der Täter blieb unerkannt. Sandro Ciani war über den Diebstahl sehr verärgert – er wünschte über Facebook dem Täter einen Wohnungsbrand an den Hals und verfluchte ihn für die nächsten tausend Generationen. Das half offenbar, denn ein paar Wochen später fand der Ladenbesitzer im Briefkasten seiner Privatwohnung einen Umschlag ohne Briefmarke, aber mit 100 € und einer Nachricht darin. Der Täter hatte sich offenbar die Mühe gemacht, die Adresse zu ermitteln, und den Umschlag persönlich eingeworfen. Er entschuldigte sich für seine Schandtat und drückte die Hoffnung aus, den Schaden mit dem Geldbetrag wiedergutmachen zu können. Sandro Ciani kaufte davon eine Tanne im Topf, die er gegen Diebstahl mit einer kräftigen Kette sicherte.

*Diebe holen Geschenke unter dem Weihnachtsbaum weg*

In Olpe-Rhode im Sauerland klauten Einbrecher die noch verpackten Geschenke direkt unter dem Christbaum weg, während die Familie in der Christmette betete. Auch im Ortsteil Rüblinghausen, in Scheda und Hillmicke schlugen Diebe ausgerechnet am Heiligen Abend zu und erbeuteten Schmuck, Uhren, Mobiltelefone, Kameras, einen kompletten Safe und eine Spardose. In Bleche – ebenfalls Kreis Olpe – hebelten Einbrecher kurzerhand ein Fenster auf und nahmen Bargeld, Schmuck usw. mit – sicher genug für eine umfangreiche Bescherung irgendwo in ihrer Räuberhöhle …

## JETZT GEHT'S ERST RICHTIG LOS: DA STEPPEN DIE DÄMONEN!

Endlich liegt der Heilige Abend hinter uns, die Anspannung fällt langsam ab. Pustekuchen! Jede Menge abergläubischer Vorstellungen ranken sich um die Raunächte, die zwölf »Nächte zwischen den Jahren«, die am Abend des 25. Dezember beginnen und bis zum 6. Januar dauern. Ihr Name könnte einerseits im Zusammenhang mit dem mittelhochdeutschen Wort »rûch« für »Tierfell«, andererseits mit dem Wort »Rauch« stehen, denn Haus und Hof werden in vielen Regionen zum Schutz gegen Krankheiten und böse Geister ausgeräuchert, meist betend und unter Verwendung von reichlich Weihrauch. Die Germanen glaubten, die Tore zur Unterwelt seien in dieser Zeit geöffnet, das Wilde Heer Odins sei unterwegs und würde jeden, der ihm zufällig begegnete, mit sich ins Verderben reißen. Heutzutage erledigen das die Heerscharen der Umtauschwilligen, also die Leute, die das falsche Geschenk erhalten haben und es nun im Kaufhaus gegen Bares eintauschen wollen, weil es nicht einmal eBay haben will.

# ULTIMATIVE TIPPS ZUR KATASTROPHENVERMEIDUNG

Mit einer Reihe von Präventivmaßnahmen könnte es Ihnen gelingen, die Gefährdungen durch das Weihnachtsfest zu reduzieren – zumindest wird Sie der nachfolgende Verhaltenskodex dabei unterstützen, Weihnachten mit Humor zu ertragen:

- Nehmen Sie am Morgen des Heiligen Abends eine Schlaftablette und schlafen Sie durch bis zum Dreikönigstag.
- Tragen Sie ein T-Shirt mit der Aufschrift: »Rettet die Weihnachtsbäume! Weg mit den Äxten!«
- Stellen Sie einige Schlumpf-Figuren und Playmobil-Männchen in der Krippe Ihrer Kirchengemeinde auf.
- Basteln Sie einen Adventskalender mit anstößigem Inhalt und schenken Sie diesen Ihrer Nachbarin oder Ihrem Nachbarn.
- Verprügeln Sie am 6. Dezember Knecht Ruprecht eigenhändig mit einer Rute.

- Suchen Sie demonstrativ im Garten nach Ostereiern, auch wenn Schnee liegt.
- Dekorieren Sie einige Stände auf dem Weihnachtsmarkt um und bringen Sie die Weihnachtsengel in fantasiereiche, lustige Posen.
- Werfen Sie im Supermarkt den Stand mit den Schoko-Weihnachtsmännern um.
- Fordern Sie ein Verbot von Zimtsternen und Spekulatius im öffentlichen Raum.
- Lassen Sie Ihre Weihnachtsplätzchen verbrennen und verschenken Sie diese an Ihre Verwandten.
- Ergänzen Sie das Ortsschild Ihrer Heimatgemeinde durch den Zusatz: Weihnachtsliedfreie Zone.
- Beginnen Sie mit dem Silvesterfeuerwerk in der Weihnachtsnacht – nehmen Sie die ganz großen Böller zuerst!

© 2016 arsEdition GmbH, Friedrichstr. 9, 80801 München
Alle Rechte vorbehalten
Text: Norbert Golluch
Covergestaltung: arsEdition
Innengestaltung: www.evaschindler.de
Covermotiv: Getty Images / Thinkstock
Illustrationen Innenteil: Getty Images / Thinkstock
Printed by Tien Wah Press
ISBN 978-3-8458-1767-5
1. Auflage

www.arsedition.de